HAZ QUE SE MUEVA

Marla Conn y Alma Patricia Ramirez

Glosario de fotografías

 **carrito**

 **jalar**

 **empujar**

 **cuerda**

 **trineo**

 **columpio**

 **carretilla**

 **yerba**

Palabras usadas con más frecuencia:

- puedo
- que
- se
- hacer
- mueva
- el
- la

Puedo hacer que se mueva.

carrito

Empujo el **carrito**.

Puedo hacer que se mueva.

carretilla

Jalo la **carretilla.**

Puedo hacer que se mueva.

trineo

Empujo el **trineo.**

Puedo hacer que se mueva.

yerba

Jalo la **yerba**.

Puedo hacer que se mueva.

columpio

Empujo el **columpio**.

Puedo hacer que se mueva.

cuerda

Jalo la **cuerda**.

Actividad

1. En grupos pequeños, habla de cómo puedes hacer que se muevan las cosas.

2. En una hoja de papel aparte, haz un dibujo de jalar y empujar.

Puedo mover algo si lo empujo.	Puedo mover algo si lo jalo.

3. ¿Qué está sucediendo en cada fotografía? Habla acerca de ello.